에덴의 콩새
날아옵니다

김봉기 시집

에덴의 콩새 날아옵니다

Poems by Kim Bong Gi

동학사

■ 시인의 말

꽃잔디에게 배우겠습니다.

입 바람으로 장구벌레 후후 불며 고인 물 마시던 군軍 졸병 시절, 유격 훈련장 한쪽 곁에 피어 있는 애기 손톱만한 꽃잔디에 매료된 적이 있습니다. 그때부터 나는 진분홍 꽃잔디를 무척 좋아하게 되었고 수평으로 자라고 퍼져 땅을 덮고 눈길 끄는 꽃잔디가 되고 싶었습니다.

그렇게,

이렇게 살아왔습니다.

이제 와 생각해 보니 참 행복한 날들이었다고 새삼 느껴 봅니다.

늘 함께 하는 사랑하는 아내

늘 희망인 두 딸이 행복의 밑거름이었습니다.

그래서 고맙습니다.

이렇게 좋습니다.

지금도 나는 세상에 기쁨 주고 생기生氣주는 꽃잔디로,

하늘의 감성에 따라 "좋다" 할 수 있도록 살아가고 있습니다.

2024. 1

김봉기

에덴의 콩새 날아옵니다 김봉기 시집

01 세상을 깨우는 소리

02 하늘의 감성을 따라

03 에덴의 콩새

1

세상을
깨우는 소리

아내 분 바를 때

소풍가는 아이처럼
설레는 맘으로 아침을 엽니다
오늘은 가족사진 찍는 날

아내는 얼굴에 분을 콕콕 코코코……
딸들을 보고 싶지만
녀석들 문틈도 보이지 않습니다
그래도 행복합니다

첫날의 설렘
523일 후 뭉클
그리고 512일 후 또 뭉클
그리고 10,950일
아! 좋다.

할머니의 아궁이

할머니의 아궁이는 나의 한 세상
할머니의 아궁이는 꿈이 자라는 새둥지 같은 곳
방고래 따라 하얀 재로 날아간 솔가리의 넋이
뼈마디마디를 감싸 주고 굴뚝으로 사라진다
어디로 어디엔가로 사라졌다

낫별 세며 솔가리 긁고
아궁이 앞에선 생인손 호호
어느새 솔가리는 할머니 이마에 쌓이고
할머니의 아궁이는 내안의 눈물이다

온 세상 흑빛으로 돌아가고
등골 휜 눈물로 젖은 불 지필 때
반질반질 부지깽이는 아궁이 안에서
도깨비춤을 추고
솔가리 하얀 재는 할머니의 머리에 쌓였다

때론 우주만한 이불 속
할머니 발뒤꿈치에 놓인 솔가리 가시 끝은
구들장보다 넓은 사랑으로 저리고
솔가리 망태로 지친 등짝은
구름빵 되어 굴뚝으로 승천한다

할머니의 아궁이는
새벽 미명에 더 사랑스럽게
지금도 내안에 불을 지핀다

하늘 할머니를 부른다
지금도 할머니의 아궁이는 불을 품고
내 생인손은 신음하고 있다
할머니의 아궁이는 나의 한 세상.

구릿빛 바위

지난겨울

얼음 물 속 우거지를 손이 빨갛게 되도록 맨손으로 연신 건져내 담아 주시던 아버지는 손이 시리지도 않으셨나 봅니다. 손 시리니 천천히 하시라는 아들의 말에는 아무 대꾸도 하지 않으셨습니다. 그저 아들이 좋아한다니 한 줌이라도 더 건져 주시겠다는 마음뿐인 것 같았습니다. 나는 “아버지”라 써 놓고 “희생”이라고 읽었습니다.

지난봄에 아버지 뵈러 갔을 때 한껏 쪼그리고 앉아 뭔가에 집중하고 계신 아버지 뒷모습을 보았습니다.

“아버지 저 왔어요. 뭐 하세요?”

“그랴, 차 안 막혔냐? 어서 들어가 쉬어라.”

아버지는 아들 주시려고 쪽파를 다듬고 계셨는데 다듬어진 쪽파 밑동은 아버지 백발로 승화되고 있은 깊은 바닷속 진물로 내게 다가옵니다.

그때 나는 아버지 넓은 등에서 “다듬으심”이라는 글귀를 보았습니다.

올 여름은 참 뜨거운 여름입니다.

혹시 뜨거운 여름에 지치지는 않으셨는지 전화 한 통 드렸더니 오히려 자식, 며느리, 손주들 걱정이 앞서셨습니다. 수박 한 통으로 여름을 이길 수는 없겠지만 "아들이 가면 좀 쉬시겠지"라는 마음으로 달려가는데 자동차 속도계가 빠르게 올라가는 이유를 아는 사람은 다 아실 겁니다.

진분홍 능소화 아래서 진분홍 수박을 드시는 아버지는 구릿빛 바위셨습니다. 날갯죽지까지 늘어진 민소매 흰 옷은 이미 땀과 흙먼지로 색이 바랬습니다.

올 여름 "아버지"는 "구릿빛 바위"십니다.

가을엔 더 바빠지실 아버지

아들이 실實한 열매였으면 좋겠습니다

보람이고 기쁨이었으면 좋겠습니다

벅찬 자랑거리가 되었으면 좋겠습니다

올 가을엔 아버지 좋아하시는 따끈한 밥 한 끼 같이 해야겠습니다.

어머니의 세월

파도는 밀려오고 밀려와 사랑이 되고
쓸려가고 쓸려가 그리움이 된다
시작에서 시작에 이르는 세월은
시작부터 시작까지 생명을 산출한다
이런 세월은 어머니의 주름이다

흑빛 깊은 바다
무엇이 고되 짜디 짠 진액을 쏟아 내는가
심장 깊숙이 숨겨둔 인고의 진물은
울대 비틀어 쏟아내는 흰동가리의 기도로다
이런 바다는 어머니의 눈물이다

바람이 파도를 만들었나
파도가 바람을 낳았나
태양이 파도를 만들었나
파도가 태양을 낳았나
사랑이 어머니고 어머니가 사랑이다

엄마를 바라보는 두 눈에는
엄마의 바다가 있다
내게 와 닿을 때까지 밀려오는 바다는
아직껏 젖가슴을 내게 내민다
어머니의 인고의 시간에.

아내와 함께 한 고흥

민무늬토기 굽고 고인돌 놓아
기~ㄴ 생 걸어왔다
고흥은 이렇게
608미터 팔영산을 만들고
608미터 박광층 보료삼아
나를 기다리고 있었다

산을 깎아 바다를 만들고
바다를 메워 산을 높였다
산은 바다에게 오라하고
바다는 산에게 그 자리에 있으라 했다

작약은 만발하여 벌 나비 부르고
하늘님은 물감 뿌려 그려낸 206개 섬
중국 위왕 세숫대야에 고이 담아 세상에 내 놓았다
사자는 바위 되어 천년만년 고흥을 지키니
초리국 꼬마 대장 나로 우주센터의 주인이다

10,582일

아내와 함께 고흥을 누린다

환도뼈 이야기

아내가 아픕니다
사랑하는 아내가 아픕니다

아내 안고 가는 큰 딸
찬양으로 기도하고
작은 딸 이불속은 공포의 카타콤이 됩니다
운전하는 나는 말없이 눈물 훔쳐내고
아내는 말이 없습니다

나 때문에 고생하고
자식 위해 수고하고
보람될 날 손꼽아 기다리다가
아내가 아픕니다
아내가 아픕니다

그래서 내가 웁니다

식구가 아프면 가족은 환도뼈가 부러집니다.

우리 애는 천재

우리 동네 문방구 아저씨는 문밖에 포장을 치고 와풀을 판다
한 개에 500원
반 개에 300원
어림도 없다
우리 애한테 딱 걸렸다
맞지 않는 계산법이다
그래서 아저씨한테 따져댄다
“한 개에 500원이면
반 개는 250원 해야지
왜 300원 받아요?”
영특한 우리 애 앞에
문방구 아저씨는 당황한다
“그래!
네 말이 맞다
미안
지금 너한테는 250원에 한 개 줄게
허허 그녀석”

부모 눈에 모든 자식들은 다 천재다

우리집엔 천사가 산다

아내와 말 배우는 재미에 빠진 딸이 마주 보며
두런두런 얘기를 주고 받는다
그러다가
"엄마 눈 속에 내가 있네"
"우리 공주 눈 속엔 엄마가 있네"
나는 읽던 책에서 빠져나와 승천한다
이것은 분명 천상의 대화다
이것은 분명 엄마를 보고 딸을 본 것이 아니라
천사를 본 것이다
이 둘은 이미 천사들이기 때문이다
나는 몸동작이 들킬까봐
감동의 소리가 들킬까봐
숨 죽여 얘기를 더 듣는다
"엄마 마음속엔 항상 우리 딸 공주가 있단다"
"내 마음 속에도 항상 엄마가 있어"

우리집엔 천사가 산다

동생

동생에게 더 깊은 형제 사랑
베풀지 못해 늘 미안한 맘 앞서는데
그 언젠가 이 마음 흡족할 날 있으리라

가끔씩 동생 닮은 성실한 청년 보면
그 보다 더 자랑하고픈 동생이 있음을
난 마음에 자부심으로 뿌듯해 하곤 했지

어제는 꿈속에서 동생 얼굴 보이더니
오늘은 동생 마음 글속에서 만나고
할머니 사랑 입은 형제 되어 만난다

얼굴 주름 늘어나고 사는 곳 만리라도
마음속에 늘 품으며 기도 중에 불러봄은
언제든 어디서든 한 형제이기 때문이다

때로는 믿음으로 희로애락 나누고
때로는 침묵 속 숨긴 마음 알 듯 함은
내, 진정 사랑하는 형제이기 때문이다
내, 진정 사랑하는 동생이기 때문이다.

능소화

지루한 장마가 지나가고
오랜만에 맑음이랑
눈이 부시게를 걷고 있다*

태양의 열기와 장마를
깔때기 꽃통으로 빨아들인 능소화는
트럼펫을 높이 들어 가을을 노래한다
그리고는 밟지 못할 레드카펫을 깔아놓는다

높은 담은 너와 나를 갈라놓지만
능소화는 삭막한 시멘트 담벼락마저 받아들이고
담을 타고 올라 얼굴을 내민다
그리고는 시들지 않은 사랑꽃을 통째로
"툭" 던져 놓는다

---

* 구정숙 님의 SNS 글 〈오랜만에 "맑음"이랑 "눈이 부시게"랑 함께 걸었습니다. 기분좋게 ~~~〉에서 힌트를 얻음.

오늘은 능소화 줄기만큼 함께 해 온 동무에게
“툭”
모든 것 받아들인 능소화처럼
“툭”

가을로 들어서며

여름은 이제 떠나야할 시간
너울너울 지친 허우대를 이끌고
가을 바람에 떠 밀려 우수수 사라진다
달궈 놓은 대지의 숲에
가을은 싱그러운 바람으로 돌아온다

사람도
짐승도
내 정원의 야생화도 힘들어 하던 태양의 권세
이제는 백발 촌로村老 마음 달래주며
일 년 농사 알곡들이나 무르익게 하려므나

세상사 순리대로 흘러가야 하느니
여름은 가을에게
가을은 겨울에게
겨울은 봄에게
봄은 여름에게

겨울 봄 여름 가을은 나에게
오늘도 익어가라 한다.

동물들의 고소告訴 고발告發

동물들이 명예회복 좀 하자고 한 자리에 모였대
인간들은 왜 못된 사람을 동물에 비유하냐 이거지
그래서 동물들이 사람들을 명예훼손으로 고소 고발한다잖아

강아지를 남편보다 빠른 서열 1번으로 해 놓을 땐 언제고 ㅎㅎㅎ
왜 못된 사람들을 ㄱ ㅐ ㅅ ㅐ ㄲ ㅣ라고 하냐고
그러니까 요즘은 개들도 못된 개들한테 사람 ㅅ ㅐ ㄲ ㅣ라고 한다잖아

그리고 돼지머리 삶아 놓고 지들 잘 되게 해 달라며 빌 땐 언제고
또 삼겹살에 족발 그것도 모자라 내장까지 다 시켜놓고 다 먹으니까 뭐, 돼지라고!
돼지는 털, 배설물까지도 아낌없이 다 주었건만……
아 참! 옛날 돼지들은 오줌보까지 공놀잇감으로 내 주었다지

닭도 기분 나쁘대

닭이 얼마나 똑똑한데 그것 좀 기억 못한다고 닭대가리라잖아

이래봬도 사실 닭처럼 부지런하고 고마운 동물이 있을까?

새벽을 깨워 태양을 뜨게 하고 매일 알을 낳아 주잖아

그리고 닭처럼 물 한 모금 마실때마다 하늘보고 감사하는 동물이 어디 있다고

사실 뱀은 나도 싫거든

간사한 사람이나 나쁜 말로 다른 사람을 잘 유혹하는 사람을 뱀 같다고 하지

그런데 예수님께서 '뱀같이 지혜로우라'고 하신 걸 보면 뱀도 달라졌나?

하여튼 나도 뱀은 싫지만 명예회복 좀 하고 싶다잖아

협곡 인생

억만 년 흐르고 흘러
깍이고 파여
기:ㄴ
협곡을 이루었다

높은 곳에서 내려다보는
깊은 골의 검푸른 빛은
떠억 벌린 아가리로
세상을 흡입하고
제 살을 깍아낸다

깍인 것이 아픔인가
흐르는 것이 아쉬움인가
인생도 그렇게
굽이굽이 돌아
생명을 낳았다

그래서 아름답다
이제 보니 아름답다
내 지난 세월
높이 올라 볼 때
"참 좋다"

삼십오년지기

사람마다 가진 얼굴 언어
연인에겐 사랑의 세레나데

삼십오년지기 너와 나
서른다섯 무지개와
노래가 있다

이제는 뜨지 않을 무지개
부르지 못할 노래이기에
운다

세상을 깨우는 소리

세찬 바람이 잡다한 낙엽들을 흩어 놓는다
그들은 의지도
선택권도 없다
그저 부는 바람에 실려
그저 흩어질 뿐

바람이 부딪힌다
죽어있던 흑암의 존재들이
흩어지며 강한 생명으로 살아난다

빈 공원 벤치에 앉아 그 주장을 듣는다
그리고 바람과 맞선다
바람이 흑암에 생명을 불어넣듯
나를 깨운다

소라 껍데기의 노래

살아서는 누구 하나 초대할 수 없었던 소라는
자기만의 왕궁도 곤룡포도 다 버리고 비우고 비워
껍데기만 남았습니다
껍데기를 남에게 허락할 때
더 빠르게 더 넓은 세상으로 나아갑니다
그리고 세상의 온갖 소리를 담아냅니다

흰긴수염고래의 소리에 놀란 크릴새우의 가슴을 담고
쏜살같이 지나치는 날치의 애환을 담고
머언 바다 점 하나
작은 섬 매생이국에 놀란 밴댕이 가슴 사위의 사랑도
큰 산만한 괴물 타고 온 장돌뱅이의 교언영색도 담았습니다
보름달에 밀리고 쓸려가는 고요한 파도소리를 담아냅니다

바다의 모든 소리를 담아낸 소라 껍데기는 세상이 됩니다
생명이 됩니다

소라는 사랑하는 연인에게
슈베르트의 세레나데가 됩니다

오늘 세상 밝히려 해가 뜨고 세상에 생기를 주니 나도 해가 되어 뛴다

세상
해가 진다

장사항의 파도

쉬지 않고 오고 가는 파도는
흰 구름 깊이깊이 삼켜
백만 개 포말로 토해내듯
파도는 지금 내 얼굴에 와 닿아 눈물을 숨기고
폐 깊숙한 곳에 굴러다니는 찌꺼기도 쓸어간다

가다가 다시 오는 파도는
어디서부터 와서 어디로 가는지
무얼 하러 오는지
무얼 하러 가는지
새우깡 좋아하는 갈매기는 몰라도
나는 안다
9월이 오면
파도가 나를 부른다는 것을

'another blue'*에 가면 나는 달콤한 커피향에 빠진다

---

* another blue : 속초 장사항에 있는 카페

강화도 추억

내 어릴 적 살던 곳
강화도엔 머리 마니산이 있고
그 꼭대기 하늘 아래 참성단에 칠 선녀
하늘 햇빛 땅에 닿기 전 빛을 모아 불 만드니
하늘 아래 큰 섬 살기 좋은 옥토로다

마당에서 내려 보면 높이 솟은 교회당 종탑
마당에서 올려보면 하늘 닿은 소나무
울 할미 집채만한 솔가리 망태 질 때
하부지* 장작 패는 소리로 장단 맞추니
내가 살던 향교골이 나를 키워 세상으로 가라 하네

몽골 침략 삼십구 년 강화도는 전쟁터라
임금님 사시던 곳 고려궁지는
나 어릴 적 전쟁놀이 하던 곳
눈 돌리면 역사 공부 자주정신 교훈되니
강화산성 정기 받아 큰 사람 되라 하네

---

* 하부지 : 필자가 어렸을 때 부르던 할아버지

지금도 강화도엔 내가 있고
지금도 내 안에 강화도가 있다

? 선물하신 분, ? 받은 사람

?는 두 귀
사람이 처음 들은 말은 하나님의 축복의 말씀
사람이 뱀에게 처음 들은 말은 사람을 죽이는 말

?는 낚시 바늘
뱀의 말은 낚시 바늘
뱀은 알고 있었나 결국 여인이 물어 줄 것을

?는 갈고리
여자의 혀는 갈고리 되어 남자를 찍어대니
남자는 갈고리에 걸려 맥 못 추고 끌려간다

?는 물음표
"아담아 어디 있느냐?"
하나님은 아담을 찾으시고
"하나님이 참으로 너희에게
동산 모든 나무의 열매를 먹지 말라 하시더냐?"
뱀의 달콤한 거짓은 여자의 침샘과 혼을 자극한다

?는 쪼그리고 앉아 생각하는 사람
사람아, 하나님께서 너희에게 영혼 주셔서 생각하게 하셨고
사람아, 없던 네가 있는 너 되었으니
너를 있게 하신 하나님을 쪼그리고 앉아 깊이 생각하라.

2

하늘의 감성을 따라

안개만 온 지면을 덮을 때

하나님의 세상 경작해야 하네
불순종으로 쫓겨난 사람
질투에 빠진 사람
육신 되어 영 떠나고
교만의 탑을 쌓는 그 후손들
나더러 세상 경작하라 하시네
우리더러 경작하라 하시네
남男이나 여女나 우리 모두 하나님 안에서
쟁기쟁이라 하네

하늘의 감성

사랑마다 얼굴에 노래를 담고 있다
숨기려는 자
드러내는 자
처음 세상을 만날 땐 울음으로 노래했다
엄마와 눈을 맞출 때는 배냇웃음
사랑하는 연인들은 사랑의 세레나데
그리고
희로애락으로 익어간다

누가 세상에 노래를 만들었나
누가 사람에게 노래를 줬나
하나님의 감성은 뭘까
사랑도 질투도 징계도
하늘의 최초의 노래가 아니다

"좋다"
하나님의 최초 노래
"좋다"
사람마다 찾는 지고선
그분이 "좋다" 하실 수 있도록
우리도 언제나 "좋다" 할 수 있도록 살아야 하리

바벨탑을 무너뜨릴 시간

아담의 선악과 흰빛에 오가고
그 아들은 들에서 질투에 빠진다
태초의 쾌락은 꾸준히 바벨탑을 쌓는다

복제와 3D프린터가 생겨났다
뼈 줄기세포
영혼까지

넥타이 구두 언어 침묵도 바벨탑이 되어가고
웃음 눈물 악수
모두 그 친절의 시간이다

불신과 오해가 뿔뿔이 흩어져
신은 지금도 분노한다

사람들은 지금껏 높고 거대한 탑을 쌓아
하늘에 닿으려 한다

오늘도 나는 바벨탑을 쌓고
그 탑을 무너뜨린다.

구름 기둥과 불 기둥의 은밀한 대화

삼천오백 년 구름 기둥은 철 기둥처럼 실했다
지금
하늘의 구름은 그 후손들이다

불 기둥이 숨어 있다
사람 사람 사이에
그때 그 구름 기둥
불 기둥이 들어오고 나간다
홍해 앞에서

바닷물이 들어오고 구름으로 승화한다
흑암은 불로 태운다

구름 기둥
불 기둥
은밀한 대화중이다.

홍해를 걷는 하늘의 별들

애굽 생활 사백 년
모세를 통한 하나님의 역사 출애굽 사십 년

압제 벗어난 백성들
해방 기쁨 할렐루야!
이것도 잠시 잠깐
홍해라니 웬말인가
앞을 보니 홍해 깊은 물
뒤를 보니 애굽 마병 날선 칼날

한쪽에선 "파라오"
한쪽에선 "모세"
절체절명
진퇴양란

이것이 광야 홍해
우리는 날마다 홍해를 만난다

하늘 위 하나님
모세에게 능력되니
홍해가 마른땅 되고
마병이 물속으로 사라지네

홍해 건넌 백성들
뒤를 보니 여호와의 손
홍해 건넌 백성들
하늘 보며 할렐루야!

우리는 날마다 홍해를 만난다
우리는 날마다 홍해를 건는다.

스스로 있는 자

부모는 선악을 알아 에덴 동산에서 쫓겨나고
어머니의 위로자 가인은 죽이는 자
귀염둥이 아벨은 죽임을 당한 자

누가 알려 주었나
너는 무엇을 하였느냐
하나님께 선을 행하지 않은 자
하나님께 선을 행한 자

가인은 생명을 죽음으로
아벨은 죽음에서 생명으로
그 생명은 씨로 씨는 또 생명으로 이어져
여호와라 부르네
여호와라 부르네

그는 "스스로 있는 자"
여호와라 부르네,
그는 "나의 구원자"
여호와라 부르네.

하나님 시간, 사람 시간 다르다

하나님 시간
사람 시간

그 믿음의 시간으로 어떻게 흘러 왔을까?
열국의 아버지는 이스라엘을……
구세주는 죄를 끊고 영생을 열었다

너와 내가
그 시공時空을 지켜야 할 때

누군가에서 어딘가에서
점 하나, 별을 따라
꿈을 품은 그 사람이 되고 싶다.

그러나 노아는 여호와께 은혜를 입었더라

천년만년, 백이십
그리고 안개

사람 지으신 하나님, 한숨 소리 땅 꺼지니
그 마음 아파
가슴 치는 빗소리 천지를 진동하고
그 마음 아파
하늘 열어 쏟아낸 하나님의 눈물 사십 주야
그 마음 아파
눈물바다 아라랏산 오천백삼십칠 미터

노아 나이 육백
백오십 일이 죽음으로
백오십 일이 생명으로
까마귀 비둘기 첫 하늘 날고 육백일 년 큰 배 뚜껑 여니
봄 여름 가을 겨울이 하나님의 축복이라
빨주노초파남보 무지개가 영원한 언약이라

지금 나는 노아를 꿈꾼다
내 키는 아라랏산을 넘는다

믿음의 흐름

떠나가야 하네 완전해야 하네
그래야 아브라함 그래야 만국의 아버지
그에게서 민족들이 나고 왕들도 나오니
그의 믿음 점점 커져 믿음의 조상 되고
아들 통해 세울 언약 영원한 언약이라
그의 후손 마흔둘 흐르니 예수 그리스도의 계보니라

하나님이 이름 지어 이삭이라 부르니
한 이름으로 살고
한 여인만 사랑하니
한 번의 전쟁도 없었더라
순종의 삶, 정결한 삶 믿음의 영웅되니
축복하는 사람, 복 받은 사람

팥죽 한 사발, 돌베개, 사닥다리의 야곱
라헬만 사랑하고 천사와 씨름하니 형제우애 정겹구나
동행하시는 하나님이 이스라엘이라 부르시고
열두 아들 복 받아 서동북남 흩어지니
할아버지와 맺은 언약
너의 후손이 하늘의 별이요 바닷가 모래로다

하늘의 마음

나귀는 알고 있나
아브라함의 눈물을, 제물 될 이삭을

이삭은 모르는가
아버지의 눈물을, 제물 될 자신을

아브라함은 어찌 알았나
다시 돌아올 것을, 하나님 자비의 수풀 속 숫양을

이삭 등짐 장작은 이삭의 십자가요
아브라함 불과 칼은 아브라함의 마음 태우고 가슴 도려 낸다
"아버지, 불과 나무는 있거니와 번제할 어린 양은 어디 있나이까?"
아들의 물음은
하늘 무너지는 천둥소리

그러나 아브라함은 돌아갈 것 알았네
그래서 하는 말
“내 아들아, 번제할 어린 양은 하나님이 친히 준비하시리라”

묶인 이삭은 믿음으로 묶이고
수풀 속 숫양은 여호와 이레요
아브라함의 순종은 천하 만민 복 되네

모세를 지키는 갈대숲

누군가의 필요에 쓰임 받는 사람은 복 받은 사람이다

산파들은 복 받은 사람
하나님을 경외하고 왕의 명령 어기면서 남자 생명 살려내니
은혜로다 은혜로다
산파들은 남자의 생명을 살려낸 여인들, 집안이 흥왕하도다

레위 여자 요게벳은 복 받은 사람
죽을 아들 열 달 품어 출산하고
숨죽이며 석 달 키워
눈물 섞인 나일강에 갈대 상자 놓아두니
요게벳은 젖 먹이는 유모, 그의 무릎은 학교로다

누이 미리암은 복 받은 사람
죽을 동생 숨겨 노니 키 재기가 두렵고
갈대 상자 지켜보며 까꿍 놀이 눈물이로다
미리암은 지혜 있는 누이, 그의 지혜가 요게벳의 기쁨이라

바로의 딸은 긍휼의 마음 가진 여자
갈대 상자 우는 아기 양자 삼고 이름 주니
그의 이름 모세
바로의 딸은 복 받은 여자, 그러나 그는 파라오의 공주

시녀들은 섬김의 여자
주인 명령 순종하여 갈대 상자 가져오니
섬김 통해 건져진 모세, 시녀의 수고로다
시녀는 복 받은 여자, 그러나 그는 시녀로다

누군가의 필요에 쓰임 받는 사람은 복 받은 사람이다
하나님의 역사에 쓰임 받은 여자들은 복 받은 여자들이다
죽을 남자 산 생명이 되었으니
이 생명이 하나님의 역사로다

불을 무서워하지 않는 모세

그때는 누구나가 그랬듯
피지 못할 꽃으로 흑암 속에 묻힐 위대한 너
너의 위대함은 너를 선택한 이의 위대함이니
그는 능치 못함이 없는 분이 아니던가!

그런데 당당해야 할 너, 모세
겁쟁이가 되어버린 너, 모세
쭉정이가 되어버린 너, 모세

너는 너를 모르는가?
너는 흑암, 그분은 생명
그분이 함께 하시면 너는 네가 아닌 것을

너는 그분의 이름을 진정 모르는가?
그들은 진정 그분을 모르는가?
너도 그들 중에 하나인가?

나타나셔도 나타나지 않았다 하는 그들 앞에
너는 나타나지 않아도 나타나신 그분을 보아야 할 너, 모세
너는 나타나신 그분을 나타나셨다 하면 될 것을

너는 진정 겁쟁이인가?

입이 뻣뻣하다고 벌벌 떠는 너, 모세
너는 이미 흑암이었고 말을 하지 못할 자가 아니었던가?
입을 지으시고 혀를 풀어주시는 그분이 말하게 하실 것을

아!
그런데 이건 무슨 말인가?
"오 주여 보낼 만한 자를 보내소서"라니

이쯤 되면 차라리 처음의 흑암으로 돌아가겠다는 말인가?

위대하지 않으나 위대하다 하는 자가 있기라도 한 것인가?
진정 위대한 자는 너뿐인데

흑암 중에 광명을 내시고
사망의 물에서 생명을 건지듯
너를 너 되게 하시는 그분이 함께 하리니

겁쟁이 모세
이제는 그분같이 돼라
위대하신 그분 안에 너 또한 위대한 자가 돼라

신神을 사모하는 모세

완악한 바로 앞에
지팡이가 뱀 되고 열 가지 재앙 고통이라

나일강물 피가 되니 온 땅이 피의 땅
떡 반죽 그릇에 개구리
땅의 티끌 이가 되고
집집마다 파리 떼
애굽 가축 돌림병 돌아 죽게 하나
바로는 완악한 거짓말쟁이

아궁이 재 흩뿌리니 사람 짐승 악성 종기
불덩어리 섞인 우박은 애굽 온 땅 치고
작은 메뚜기는 온 지면 덮네
창조하신 빛 대신 삼일 흑암이고
처음 난 것의 죽음 예고하니
바로의 큰 아들도 어김없네

완악하던 파라오 앞
신神을 사모하는 모세
애굽 떠난 이스라엘 무교병에 유월절이라

마라 우물에서

마라는 광야 학교
인생길 배우니
그곳 쓴 물도 하나님이 하시면 단물이 되고
괴로운 인생도 하나님이 함께 하시면 기쁨으로 변하니
쏜살같이 날아가는 인생 칠십 팔십이라 해도
그 연수의 자랑은 수고와 슬픔뿐이나
하나님 함께 하시면 일생이 기쁨과 즐거움일세

마라는 광야 학교
여호와의 말 순종하고
의를 행하며
계명에 귀 기울여 지킬 때
여호와 라파
치료하는 여호와라

단물로 목 축이고
동행하시는 하나님 발 맞춰
엘림에 이르니
물 샘 열둘에 종려나무 일흔 그루

물 곁 장막은 하나님의 집

의심없는 신앙

당신은 어떤 일을 하십니까?가 아니라
당신은 어디에 속한 사람입니까?가 더 중요합니다
일은 그 다음입니다
다윗은 고백합니다 "여호와는 내편이시라"
나는 "주의 종"입니다

골리앗은 육에 속한 사람
사울은 육신에 속한 사람
다윗은 하나님께 속한 사람
그래서 다윗은 하나님의 마음에 맞는 사람입니다
하나님께 속하지 않은 사람은 사자의 발톱, 곰의 발톱을 드러내고
하나님께 속한 사람은 생명과 평안을 드러냅니다

다윗, 그는 하나님께 속한 사람
사울 왕의 삼천 군대 물리치고
갑옷 무장한 육척 반 골리앗을 물매와 돌로 쓰러뜨리니
하나님께 속한 사람은 하나님 편
하나님께 속한 사람은 하나님이 그의 편

당신은 어디에 속한 사람입니까?

사랑하는 사람과 롤러코스터를 타고 싶다

놀이동산은 우리가 살아가는 세상
놀이동산엔 롤러코스터 목적지를 향해 가고
우리 사는 세상엔 희로애락 쉬지 않네

첫 번째 만난 정거장은 푸른 풀밭 쉴만한 물가
이곳이 천국일세, 천년만년 살고픈데
목자는 양을 깨워 완전한 곳 가라하네

두 번째 만난 정거장은 목자 위한 의의 길
목자 이름 위해 살아야 할 길, 양의 등짐 십자가네
목자는 양의 영혼 소생시켜 가라하네

세 번째 만난 정거장은 사망의 음침한 골짜기
목자가 함께 하니 십자가의 길 두렵잖고
지팡이와 막대기가 골짜기까지

네 번째 만난 정거장, 원수의 목전이라 웬 말인가
원수 눈앞 우리 목자 상 차리며 힘주시고
넘치는 잔 승리로다

다섯 번째 정거장은 목자의 집
평생의 약속
내가 거할 영원한 집

일제히 앞으로

하늘 열려 하나님 모습 보이고
여호와의 말씀 특별히 임하니
여호와의 권능 그 위에 임하도다
그는 에스겔
네 생물 나타나니
하나님의 형상, 사람의 얼굴이요
용감한 숲의 왕, 사자의 얼굴이고
희생과 수고, 섬기는 소의 얼굴
하늘의 제왕, 독수리의 얼굴이라
서로 다른 네 생물
서로 날개 연하여
영을 따라 일제히 앞으로 곧게 행하며
번개 같이 왕래하니
바퀴 안에 바퀴 있고 바퀴 안에 생물의 영
여호와의 영광이라

이것이 하나님의 역사이며
우리들의 모습이라

소나무와 송충이

송충이는 솔잎을 먹듯
하늘에 속한 사람은
하늘에 속한 음식을 먹어야 합니다

애굽 음식은 땅에서 나고
하늘에 속한 음식은
이슬과 함께 내리니
오늘 양식은 오늘 거둬야 하고
내일 양식은 내일 거둬야 합니다

애굽 사람은 욕심꾸러기
배불리 먹어 만족하나
그래봤자 죽을 몸
'기브롯 핫다아와' 탐욕의 무덤

하늘에 속한 백성은 산 자
사십 년 양식 즐겁구나
오늘 먹고 내일 것 없어도
하늘에 속한 음식

엘샤다이의 노래

말 안하는 아이
어쩌다 한 마디 하려면 가슴은 무말랭이가 되고
듣는 이 바로* 되어 또 입 다무네
그렇게 자랐다

고등학교 삼학년 여름 첫 설교
앞에는 백 명쯤 되는 바로가 있다
무슨 말을 하는 건지
내가 살아있기는 한 건지
그렇게 익어갔다

지금은 엘샤다이** 함께 하니
그때 그 아이
모세 입모양 따라
그렇게 살아간다

---

* 바로 : 고대 이집트의 최고 통치자(출애굽기 6장)
** 엘샤다이 : 전능의 하나님(출애굽기 6:3)

입이 뻣뻣하고 혀 굳은
그 제자
점점 말이 없다.

별자리를 찾습니다

세상은 모두 잘난 사람 천지
백성은 십부장이라도 되고 싶고
십부장은 오십부장이 되고 싶고
오십부장은 백부장
백부장은 천부장 되고 싶어 날뛰는 세상
그리고
천부장은 더 높은 자리를
그리고 영원하기를 바랍니다

그러나
하나님이 찾는 사람 따로 있습니다

하나님을 두려워하는 사람
진실한 사람
불의한 이익을 미워하는 사람
이런 사람이
능력 있는 사람입니다
이런 사람을 하나님이 찾고 계십니다

영혼을 디자인하다

첫 사람된 아담은 죄의 기점

흐르고 흘러
열국의 아버지 된 아브라함은 믿음의 기점

흐르고 흘러
구세주로 오신 예수는 우리 역사의 기점

흐르고 흘러
이 땅 사는 너와 내가 이 시대의 주인공

이제는
나를 통해 새로운 역사가 시작되기 바란다
사람을 변화시키고
세상을 변화시키는
우주 안에 작고 작은 점 하나 큰 사람이 되고 싶다

그리고
흐르고 흘러
이천 년

3

에덴의 콩새

첨세병添歲餠

첨세병 한 사발
천지만물 시작되고
나도 처음 눈 떠 새 날을 보니
내가 세상이고 세상이 나로구나

눈부시도록 맑고 깨끗한 가래떡이 새 마음 주고
기~ㄴ 가래떡 한 줄
무병장수 바라니
동글동글 썰어 끓여낸 떡국에 이미 나는 부자가 된다

세배하고 축복하니
올 한 해도 만사형통
하늘 보며 기도하니
우리집 복된 가정

신년원단
우리 마음
누구나가
창세기

에덴의 콩새

봄은
사랑이다

오늘 아침
사랑 짓는
사랑쟁이 콩새는
너덜너덜한 마대자루 삼실 찾아
이곳까지 왔다

콩새에게 봄은 사랑이다
봄은 생명으로 신비롭다

에덴동산의 콩새는
지금도 집을 짓는다
사랑을 짓는다

나르샤

날아 오르십시오
생각이
영靈이
날아올라야 합니다
하늘의 사람으로 살아야 합니다
생각이 땅을 이기고
영이 생각을 이겨야 합니다
들의 참새가 되지 말고
하늘의 독수리가 되십시오
그리고
하늘의 시각으로 천지를 보십시오
하늘의 고요함으로
세상을 덮으소서

참새의 잠언

첫 태양 희망으로 물들 때
솔가지 보료삼아 앉은 너
무심코 듣던 네 노랫소리는
새 꿈을 꾸게 하는 노래라

짹짹짹짹 참되어라
째래래랙 째래래랙 진실하라

ㅊ·ㅁ새, 참새
오늘 듣는 잠언의 노래라

Violin 독주회

다섯 손가락은 천상의 소리를 찾는다
이태리 송진을 바른 말총 활이 천마天馬를 부른다

" L. v. Beethoven, M. Ravel, I. Frolov, sehoon Ahn" *

사람은 천상의 소리에 숨이 멎는다
활의 털이 끊어지는 것은
새가 자맥질 하는 것이다

천둥 번개 우레는 잠시 맥을 끊지만
공간을 가득 채우는 빛줄기는
천상의 소리를 잇는다

네 줄 Violin
나는 지금 스탕달 신드롬에 빠진다

---

* Sehoon Ahn(안세훈) : Violinist, 2019.2.16 예술의 전당 독주회

새벽의 검객

새벽의 검객이 나타난다
새벽을 호령하는 그대의 두 눈은
어슴푸레 넓고 빈 공간을 압도한다
위풍당당하게

세월 흘러 검은 머리 파뿌리
뒤뚱뒤뚱 물오리를 닮았구나
그래도 그대는 오늘의 주인공
물 찬 제비가 바로 그대로다

쏜살같이 날아오는 노란 우주에
날선 검 휘두르니
"나이스", "쏘리"
어둠이 물러가네, 내 마음 청춘일세

서로 마주치는 손뼉 안에 들숨 날숨 하나 되니
그대는 누구인가?
테니스 하나로 인생길 묻는
오늘도 우리는 검객이 되어 본다

달이 사랑스럽게 태양을 이끈다.

결혼

사랑이
봄바람 타고
사알랑 사알랑 오시었군요

뼈중의 뼈
살중의 살
내 사랑이 자기自己되어 오시었군요

사랑으로 품고 연합하여
희로애락喜怒哀樂 같이하는
생명生命으로 오시었군요

이제 부모 떠나 어른되었으니
부모 공경하고
자식 잘 키우고
세상에 소금과 빛 되는
일생배필一生配匹

나는 당신의 자랑스런 남편이 되겠습니다
나는 당신의 자랑스런 아내가 되겠습니다.

거짓 마음

"목사님! 동네 아이들이 많이 착해지고 좋아졌어요."

"그렇습니까?"

"아마 아이들이 목사님 교회에 다니고부터 많이 달라진 것 같아요."

나는 더 듣고 싶었습니다.

그래서 또 한마디 하고 가만히 있었습니다.

"그렇게 봐 주셔서 감사합니다."

"111동에 사는 그 남매 개구쟁이들도 목사님 교회 다니던데요."

"오히려 사장님이 아이들 잘 챙겨 주신다고 소문 나셨던데요"

"에이 제가 뭘 하겠습니까"

손사래를 치시는 슈퍼마켓 사장님의 눈가에 눈웃음이 피어난다

"목사님이 좋은 분 같다고 칭찬이 자자합니다."

내 속 마음은 뿌듯함을 감추기에 급급했다.

지금은 내 머리에 허연 머리 늘어나고
그때 아이 내 자식도 이제는 어른 되니
지금도 그때 그 말 듣고 싶은 거짓 마음
그래서 울며 읽는다.

"그러나 너를 책망할 것이 있나니 너희 처음 사랑을 버렸느니라"

코로나 일기

우한 폐렴
Corona Virus Disease 2019
COVID-19
신종 코로나 바이러스 감염증-19
코로나19
너란 놈은 대체 뭔 힘이 있어 온 세상을 뒤흔들고 있는가

2019.12.1
중국 우한시에서 네놈이 처음으로 세상에 모습을 드러냈다지
그리고 너는
2020.1.20
동방의 아름다운 우리나라에 쳐들어와
오늘까지 619일

네놈은 온 세상에 퍼지고 이 땅에 들어와
이 시대가 경험하지 못한 세상을 만들고 있구나
너는 전 세계 234,176,847명에게 감염시켜
4,790,386명의 고귀한 생명을 앗아갔구나

벼락 맞아 죽을 놈!
네놈은 우리나라 선량한 백성 311,289명에게 쳐들어와
웃으며 농담하던 확진자로 만들었고
2,481명의 생명을 빼앗아
이제는 네놈이 내 코앞까지 온 듯하니
대체 네놈은 어떤 놈이냐!
5일 전엔 우리나라 3,273명의 확진자를 만들어 정점을 찍고
아직도 네놈은 기승을 부리고 있으니
어디까지 언제까지 가려느냐

마스크는 일주일에 2장 밖에 구할 수 없던 때가 있었고
사람들은 이곳저곳에서 휴대폰을 흔들어 댄다
손 맞잡아 악수하며 얼싸안아 반가워하던 삼십년지기 친구도
주먹질로 인사를 해야 하는 웃픈 세상

방역지침 4단계
두 번 백신접종으로도 맘 놓을 수 없어

낮에는 4명에 접종자 2명 포함해 6명
밤에는 2명에 접종자 2명 포함해 4명만 모이란다
식당 카페 영업은 밤9시에서 밤10시로 1시간 늘었고
식사하는 결혼식은 49명, 결혼식만 하면 99명에
일생일대의 거사를 치르는 신랑 신부는 울상이네
거리두긴 2m인데 출근길 지하철은 콩나물시루
파란 하늘 아래 초등학교 운동장엔 만국기 볼 일 없을 듯하니
솜사탕 장수, 뻥튀기 장수 아저씨는 올 가을 어쩌나

코로나19
네놈이 날뛰는 동안
신神 마저도 침묵하셨고
성전 찾아 무릎 꿇고 두 손 빌던 이들조차 찾아볼 수 없구나
굳게 닫힌 성전 문 앞에는
"우리가 미안합니다. 우리가 더 잘 하겠습니다"라는
현수막만 자리하여 휘날리니
네놈이 신神보다도 강하단 말이냐

세계 평화를 위해 싸우는 마징가 제트를 불러볼까
악당을 물리치는 어벤져스
어려움 당한 사람 도와주는 슈퍼히어로를 불러볼까 홍반장을 불러볼까
갑옷에 칼과 방패 들고 맞서 싸워 이긴다면 내 그리 할 텐데
네놈은 우리보다 똑똑한 듯
변종으로 나타난다니 참으로 네놈은 끈질긴 놈이구나

그래도
그래도
네놈과 싸우고 생명존중의 마음으로 땀 흘리는
슈퍼히어로들이 있으니
무더운 여름 지나 파란 하늘 가을을 만나듯
이 또한 지나가 더 좋은 세상 만날 날을 고대한다.

네 이놈 물렀거라!

코로나19 위로

6,25 전쟁통 쌕쌕이 대포소리에도
이런 일은 없었답니다
처음엔 금방 지나갈 줄 알았습니다
그런데 지금 22개월째
지구생명공동체를 혼돈으로 몰아가고 있는
코로나바이러스감염증-19

이 시대 처음 경험하는 사태 앞에
어쩔 줄 몰라 하며
무기력감에 빠져 방콕(?)하고 있던 우리에게
"내일은 미스터트롯"
임영웅 영탁 이찬원 김호중 정동원 장민호 김희재 TOP7은
큰 위로와 힘이 되었습니다

웃을 일 찾기 어렵고 모두가 위로 받아야 할 때
인생과 사랑 그리고 세월 앞에 고뇌하는
나훈아의 "테스형"을 듣다 보면
한바탕 턱 빠지게 웃다가도 울고
그러다가 그래! 하며
천국의 소망으로 위로 받았습니다

멈추지 않는 코로나 바이러스 팬데믹
이제는 내가 당신의 위로가 되겠습니다
이제는 내가 당신의 희망이 되겠습니다
함께 이겨내야 합니다
함께 일어나야 합니다
더 성숙된 Post Corona를 위해!

코로나 일상

코로나19를 떠나
광교 바위산 꼭대기에 앉아
부리나케 불러오는 바람을 만난다
벗었다 쓰다를 반복하던 마스크를 벗는 순간
나도 모르게 얼른 마스크를 다시 쓰는 것은
나만이 아니었다

산바람도 마음대로 들이키지 못하는 지금
산사람들 가린 입에서는
고운 말 나올 리 없고
광교산 정상을 지키는 나무도 마스크를 쓰고 있으니
인간들 때문에 통곡하는 자연의 소리는
신이 내린 재앙인가

레드 카펫 위를 위풍당당하게 걷는 너
너의 오만은 언제나 기세가 꺽일텐가
일상 속에 하나 되려는 너
이제는 네가 있을 흑암으로 가고
이 세상은 원래의 주인에게 돌려주거라
이것이 살아있는 광교산의 메아리니라

행복 바이러스

멍하니 십자가를 바라봅니다
주인을 기다리는 장의자마저도 힘을 잃었습니다
처음엔 하나님께서 코로나19를 속히 퇴치해 주시기를 기도했습니다
그렇게 굳게 믿었습니다
이제는 그렇게 기도하기가 민망해졌습니다
그렇게 말하기엔 너무도 자신이 없습니다
하나님의 뜻이 무엇이냐고 묻는 말에
약삭빠르게 도망가고 싶습니다
이런 내가 밉습니다

그래서 생각했습니다
숱한 역경 속에서도 하나님의 역사는 쉼표가 없었다는 것을
스치는 바람 속에서도 하나님의 음성을 듣고
호흡을 통해서도 하나님의 숨결을 경험하던 때를
그리고 희망을 갖습니다
코로나 바이러스 시대가 끝나면 우리 모두 행복바이러스가 되자고

동렬꽃 은숙꽃*

보기에 심히 좋은 땅
경작耕作할 이 없으니
내
동렬꽃 은숙꽃을 피웠노라
하늘빛 품은 꽃으로 피웠노라

너는 나의 꽃이다
매화의 고운 자태
백일홍의 기~ㄴ 자랑이
내 꽃만은 못하니
너는 나의 기쁨이란다

그런데
나의 꽃이여!
많이 힘들었지!

때론 열기로
때론 비와 싹쓸바람으로

이역만리 낯선 땅은
고향 보름달로 달래고
풍토병 눈물은
천사기도로 이겨냈지
그땐 나도 울었단다

사랑하는 나의 꽃이여!
너는 참으로 착한 꽃이구나
내가 가라 할 때 너는 갔고
내가 머물라 할 때 너는 머물렀구나
그래서 내가 너를 좋아한단다

하늘 영광을 위해
생명 구원을 위해
거룩한 교제의 성전을 위해
영원한 왕과 그 백성들이 거할 도성都城을 위해
너는 온 열정을 다했구나

그런데
나의 사랑하는 꽃이여!
더 많은 씨앗을 퍼뜨리기 위해
꽃으로 더 살아야 한다니
내가 너 때문에 웃고 운다.

---

* 동렬꽃 은숙꽃 : 김동렬 이은숙 부부선교사는 대한예수교장로회(통합) 총회 선교사로 16년간 대만 선교 후 도성교회(서울강북노회) 담임목사로 부임하여 사역 하던 중 조기은퇴 하고 다시 대만을 중심으로 한 순회 선교사로 사역 중이다.

하나님이 하셨습니다.

이러다가 죽겠답니다.
한 발짝도 내 디딜 힘이 없답니다.
회사가 통째로 날아갈 것 같답니다.
운전 중 이라는 전화소리에 덜컥 겁이 납니다.
눈물로 기도했습니다. 마음 다해 기도했습니다.
눈에 보이지 않아도 어루만져 기도했습니다.
이제 살 것 같답니다.
지금은 달라진 것 안 보여도 속이 후련하답니다.
하나님이 하셨습니다.

남편 땜에 우울증
자식 땜에 속앓이
삶의 무게 무기력
성경 30분, 찬송 10곡 매일 매일 하게 하니
용서 마음 생겨나서 용서 빌고 용서 하고
사랑하는 마음에 섬기는 생활
이게 가정
이게 행복
집안이 천국 같답니다.

하나님이 하셨습니다.

공부하러 영국 간 딸 신경성으로 삼 년 고통
심방하여 예배하고 기도하니
이역만리 목전이라.
하나님께서 하실 일 믿고 전화하니
몸 건강히 시험 잘 봤답니다.
하나님이 하셨습니다.

부인병 앓는 권사님
병원 가니 이게 웬일! 종양이 없어졌답니다.
어제 그 집 심방 가 예배하고 기도할 때
종양 부위 손을 얹고 간절히 기도하니 종양이 없어졌답니다.
예수님 믿느냐고 묻는 의사 선생님,
제일 먼저 목사님께 전화한다는 벅찬 가슴
믿음 좋은 권사님
할렐루야! 할렐루야!
하나님이 하셨습니다.

아들 둘 출산하고 얻은 지병
빨래 널기 고통이라.
심방하여 기도하니 가정집이 사도행전
성경책에 엎드려 회개하며 기도하니 눈물 콧물도 은혜로다.
사랑 많은 하나님 치료하기 시작하니
양손 들어 할렐루야! 우리 주님 할렐루야!
하나님이 하셨습니다.

엄마 잃고 십수 년 엄마 체취 그립구나.
한밤중에 엄마 영혼 아들 속에 들어오니
엄마 목소리 들려오고 아들 생활 고통이라.
기도 대장들 한데 모여 마음 다해 기도하니
엄마 영혼 떠나가고 독한 냄새 온갖 오물 모두 모두 쏟아 낸다.
하나님은 전능의 왕
하나님이 하셨습니다.
할렐루야! 할렐루야!
하나님이 하셨습니다.

췌장염 환우를 위한 기도

사람을 창조하시고 "보시기에 심히 좋다"고 하신 하나님,
죽은 자를 살리시며,
없는 것을 있는 것으로 부르시는 하나님을 믿으니
이 종을 정결케 해 주시고 종의 기도를 들어 주옵소서.
예수 그리스도를 믿고 하나님을 섬기는 하나님 아버지의 딸 ◯를
이 시간 만져주옵소서.
◯의 온 존재를 창조하신 하나님께서
이 시간 ◯의 세포와 피와 모든 기관, 조직들을
창조하셨을 때의 정상으로 회복하여 주옵소서.
몸에 필요한 것들을 재생시켜 주시고
필요 없는 것들을 몸 밖으로 배출하여 주옵소서.
천칠백 췌장염 염증수치를 육십으로 돌려주시고
몸에 필요 없는 담석은 부서지고 녹아 몸 밖으로 빠져나가게 하소서.
과거 이 종의 몸 한 부분의 수치를 1560에서 정상인 36으로
정한 기간 안에 회복시켜주시고
영국에 있는 스물여섯 살 된 성도의 딸을 위해 서울에서

기도했을 때 즉시 치료해 주시고 함께 예배하며 기도하던
성도의 부인병을 치료해 주셨던 것처럼 고쳐주옵소서.
그리하여 하나님께서 치료해 주셨음을 간증케 하시고
평생 하나님을 섬기며
온 가족이 더 크게 하나님의 영광 드러내게 하소서.

예수님의 이름으로 기도드립니다. 아멘

암 환우를 위한 기도

"나는 너희를 치료하는 여호와라"라고 말씀 하시고
"여호와를 경외하는 자에게 치료의 광선을 발하신다"고 하시면서
치료의 약속을 주신 하나님.
하나님을 경외하며 기도하오니 말씀대로 역사해 주옵소서.
위암 판정 받은 ◯의 건강한 세포가 암세포를 결박하게 하시고,
뜨거운 혈액이 종양을 녹여 몸 밖으로 다 배출되게 하옵소서.
온몸의 조직, 기관들이 서로 서로 상호작용을 통하여
위를 보호하게 하시고 온몸을 강건하게 하옵소서.
성령의 검으로 종양을 도려내 주시고, 성령의 불로 태워 주옵소서.
하나님께서 처음 ◯을 창조하셨을 때의 정상적인 모습으로,
더 나아가 하나님 보시기에 심히 좋은 모습으로 회복하여 주옵소서.
지금까지도 하나님을 위한 삶을 살아오셨지만

앞으로 더 많은 삶으로 하나님을 기쁘시게 하실 것이오니

하나님께서 치료의 은혜, 강건함의 은혜를 허락하여 주옵소서.

과거에 기도할 때 귀신을 쫓아내 주셨으며,

많은 병든 자를 치유하신 것처럼 지금도 그렇게 역사해 주옵소서.

예수님께서 각색병자들을 고치신 것처럼 지금 치료하여 주옵소서.

결국 생명 다해 하나님을 높이며,

하나님께 영광되는 삶 되게 하옵시고 승리의 노래를 하게 하옵소서.

가족들에게도 하나님의 긍휼하심과 은혜를 주셔서

이 어려운 상황을 믿음과 가족사랑으로 이겨내게 하옵소서.

예수님의 이름으로 기도드립니다. 아멘

결혼을 위한 기도

세상의 역사와 인간의 생사화복을 주관하시는 하나님, 오늘 고이 간직해 두셨던 선남 ○○○ 군과 선녀 ○○○ 양의 결혼예배를 드리오니 하늘 문을 여시고 한없는 복으로 충만케 하옵소서.

이 두 사람이 지금까지 살아온 길을 아시는 하나님, 서로 다른 환경과 처지에서 살아온 이들이 하나 되어 살아갈 때 서로의 사랑으로 상처와 아픔을 싸매 치료해 주고, 서로 격려하고 도와 어느 부부보다, 어느 가정보다 값진 역사를 이루어 내게 하옵소서.

더 나아가 더욱 거룩한 빛으로 세상의 상하고 지친 영혼들을 치유하는 부부되게 하옵소서.

특히 선남 ○○ 군은 신의예지를 따라 바른 국가를 위해 헌신했으며, 올곧은 충효사상과 청렴의 정신을 이어오는 가문에서 태어나 자라왔고, 선녀 ○○ 양은 기독교 신앙의 가정에서 태어나 기독교 신앙의 생활방식을 따라 살아 온 두 사람입니다.

하오나 이제는 둘이 하나가 되었은즉 서로의 장점들을 합하여 과거보다 더 훌륭한 가문, 이웃에게 더 칭찬받는 가문, 세세토록 복 받는 가정되게 하옵소서.

두 사람의 결혼과 행복이 두 사람에게만 그치는 것이 아니라 양가에도 영원한 기쁨과 복이 되게 하시고, 지금까지 보석보다 귀하게 수고와 눈물로 키워온 양가 부모에게는 섭섭하고 아쉬움이 아니라 가문의 자랑이요, 큰 보람이 되게 하옵소서.

필요한 자녀도 허락하셔서 아름다운 가풍을 이어가고 아름다운 신앙의 가정되게 하옵시며, 오늘 이 선남선녀의 결혼을 축하하기 위해 자리한 모든 분들에게도 큰 기쁨과 행복이 기득하게 하옵소서.

이제 결혼하고 이 두 사람이 새로운 첫 발을 내 딛으려 합니다.

하나님께서 인도하심과 사람들과 만물의 도움이 끊이지 않아 복 받는 가정되게 하옵소서.

오늘의 힘차고 행복한 발걸음이 영원하게 하시고, 하객들의 축복기도와 박수소리가 평생에 응원이 되게 하옵소서.

예수님의 이름으로 기도드립니다. 아멘

해설

에덴의 콩새 날아옵니다

박이도(시인, 경희대학교 국어국문학과 교수 정년퇴임)

시인 김봉기金奉起목사가 첫 시집 "에덴의 콩새 날아옵니다"를 출간한다.

김 시인은 이 시집에서 인간 공동체 형성의 뿌리가 되는 가족을 주제로 삼으면서 일상생활 속에서 경험하는 것들을 다루고 있다. 또 하나의 축은 성서의 말씀을 시적인 감성의 언어로 강론하듯 성서 시대의 상황들을 믿음의 차원에서 각인시켜준다.

이 시집엔 한 가정家庭을 이루고 있는 가족들이 등장한다. 할머니, 아버지, 어머니, 아내, 형제, 자녀 등이다. 세월을 이어 오는 가족사를 시인은 그의 행복한 가정 보금자리로 안내한다.

봄은

사랑이다

오늘 아침

사랑 짓는

사랑쟁이 콩새는

너덜너덜한 마대자루 삼실 찾아

이곳까지 왔다

콩새에게 봄은 사랑이다

봄은 생명으로 신비롭다

에덴동산의 콩새는

지금도 집을 짓는다

사랑을 짓는다

-「에덴의 콩새」 전문

'에덴의 콩새'는 마치, 무대 위에 올리는 한 가정사의 서막을 알리는 서시로 읽힌다.

오늘날 인류에게 에덴동산은 이상향의 상징성을 가진다. "봄은/사랑이다"라고 에덴동산의 신화를 직설화법으로 긍정하고 있다. "콩새에게 봄은 사랑이다/봄은 생명으로 신비롭다"라고 온갖 사물의 소생과 더불어 사랑의 생명성과 인륜의 신비감을 노래하고 있다.

사랑이/봄바람 타고
사알랑 사알랑 오시었군요

뼈중의 뼈/살중의 살
내 사랑이 자기自己되어 오시었군요(중략)

이제 부모 떠나 어른되었으니
부모 공경하고/자식 잘 키우고
세상에 소금과 빛 되는/일생배필一生配匹(후략)

-「결혼」 부분

'결혼'은 인륜지대사人倫之大事이다. 아담과 하와는 하나님의 창세사에 등장한 첫 부부였다. 그 부부의 시련을 넘어 오늘날의 인류에게 주신 잠언의 시대가 이어지고 있다. 그 와중에 "누가 현숙한 여인을 찾아 얻겠느냐 그 값은 진주보다 더 하니라/그런 자의 남편의 마음은 그를 믿나니 산업이 핍절乏絶하지 아니하겠으며/그런 자는 살아 있는 동안에 그의 남편에게 선을 행하고 악을 행하지 아니하느니라"(잠언31:10-12) 라는 이상적인 부부상을 시적 언어로 담았다. 또 "뼈중의 뼈/살중의 살"인 한 여인을 배필로 맞는 자의 기쁨과 행복을 노래하고 있다.

김 목사의 기도시 '결혼을 위한 기도'는 결혼하는 신랑 신부를 위한 축복의 메시지를 하나님께 서원한다. 그 기도 시에서 "세상의 역사와 인간의 생사화복을 주관하시는 하나님"으로 시작해 "~서로 격려하고 ~어느 가정보다 값진 역사를 이루어 내게 하옵소서. ~거룩한 빛으로 세상의 상하고 지친 영혼들을 치유하는 부부되게" 해달라는 기도문이다. 김 목사의 결혼관이 배어나는 시편들이다.

기독교 신앙을 가진 자의 신앙행위는 크게 나누어 보면 절대신絶對神인 하나님에의 찬양과 자기 회개이다. 나아가 구속救贖과 부활의 믿음을 표상表象하는 것이다. 이때 찬양과 기도의 언술행위는 시인의 노래이며 기도의 시적 표상이 된 것이다.

신학자들은 기독교는 인간 정신의 산물이 아니라 성령의 선물이라고 믿는다. 폴 틸리히가 종교를 "신적 존재being divine에 대한 인간관계"라고 정의한 것처럼 우리는 절대신, 하나님과 나와의 관계를 상징적으로 표상하는 것이다.

가)

할머니의 아궁이는 나의 한 세상
할머니의 아궁이는 꿈이 자라는 새둥지 같은 곳
방고래 따라 하얀 재로 날아간 솔가리의 넋이
뼈마디마디를 감싸 주고 굴뚝으로 사라진다
어디로 어디엔가로 사라졌다

낮별 세며 솔가리 긁고
아궁이 앞에선 생인손 호호
어느새 솔가리는 할머니 이마에 쌓이고
할머니의 아궁이는 내안의 눈물이다(중략)

온 세상 흑빛으로 돌아가고
등골 흰 눈물로 젖은 불 지필 때
반질반질 부지깽이는 아궁이 안에서
도깨비춤을 추고
솔가리 하얀 재로 할머니 머리에 쌓였다(하략)

–「할머니의 아궁이」 부분

나)
파도는 밀려오고 밀려와 사랑이 되고
쓸려가고 쓸려가 그리움이 된다
시작에서 시작에 이르는 세월은
시작부터 시작까지 생명을 산출한다
이런 세월은 어머니의 주름이다

흑빛 깊은 바다
무엇이 고되 짜디 짠 진액을 쏟아 내는가
심장 깊숙이 숨겨둔 인고의 진물은
울대 비틀어 쏟아내는 흰동가리의 기도로다
이런 바다는 어머니의 눈물이다

바람이 파도를 만들었나
파도가 바람을 낳았나
태양이 파도를 만들었나
파도가 태양을 낳았나
사랑이 어머니고 어머니가 사랑이다

엄마를 바라보는 두 눈에는
엄마의 바다가 있다
내게 와 닿을 때까지 밀려오는 바다는
아직껏 젖가슴을 내게 내민다
어머니의 인고의 시간에.

-「어머니의 세월」 전문

가) '할머니의 아궁이'와, 나) '어머니의 세월'은 자연인으로서 김봉기의 인간적 정리情理가 절절하게 드러난다. 시적 화자의 할머니, 어머니에 대한 그리움이 한껏 배어나는 작품이다. 유년기에 할머니와 함께 지낸 세월, 그 세월 동안 할머니가 베풀어준 사랑이 아픈 생인손의 기억처럼 눈물겹도록 그리움을 추억하고 있다. "할머니의 아궁이는 꿈이 자라는 새둥지 같은 곳", "아궁이 앞에선 생인손 호호~/할머니의 아궁이는 내안의 눈물이다", "등골 휜 눈물로 젖은 불지필 때~/반질반질 부지깽이는 아궁이 안에서/도깨비춤을 추고"에서 아궁이 앞에 둘이 앉아 불을 지피며 할머니가 들

려주시던 옛적 이야기들이 "구름빵 되어 굴뚝으로 승천한다"는 상상력이 "지금도 내안에 불을 지핀다"는 회상시제가 된 것이다. 이 얼마나 그립고 아름다운 꿈인가.

나) '어머니의 세월'은 연쇄적으로 이어지는 구문이나 운율감을 특징적으로 구사驅使하고 있다. "파도는 밀려오고 밀려와 사랑이 되고/쓸려가고 쓸려가 그리움이 된다" 어머님을 추억하는 레토릭이 아주 융숭 깊이 다가오는 시구이다. 반복해 읽으면 노랫말이 되고 잠언이 되는 시구이다. 제2연은 "심장 깊숙이 숨겨둔 인고의 진물"이 "이런 바다는 어머니의 눈물"이라고 묘사한다. 또 3연에서는 "사랑이 어머니고 어머니가 사랑"이라고 모자간母子間의 일심동체의 끈질긴 사랑을 묘사했다. "말씀이 육신이 되어 우리 안에 거하~"(요 1:14)신 것 같이 영과 육의 하나 됨을 시사하는 애틋한 부모와 자식의 사랑을 노래한다.

1연의 "어머니의 주름", 2연의 "어머니의 눈물", 3연의 "어머니가 사랑이다", 4연의 "어머니의 인고의 시간에" 연마다 시적 비약 내지 전환이 서정시의 전형典型을 보여주는 예가 된다.

아내가 아픕니다/사랑하는 아내가 아픕니다//아내 안고 가는 큰 딸/찬양으로 기도하고/작은 딸 이불속은 공포의 카타콤이 됩니다/운전하는 나는 말없이 눈물 훔쳐내고/아내는 말이 없습니다//나 때문에 고생하고/자식 위해 수고하고/보람될 날 손꼽아 기다리다가/아내가 아픕니다/(반복)//그래서 내가 웁니다//식구가 아프면 가족은 환도뼈가 부러집니다.

-「환도뼈 이야기」 전문

'환도뼈 이야기'는 아내가 갑자기 병고로 쓰러지자 벌어진 상황을 다루고 있다. 남편과 두 딸이 합심하여, 아내요, 어머니인 환자를 병원 응급실로 옮기는 와중에 가족 간의 살갑고 애틋한 사랑과 걱정의 분위기를 묘사한다. 항상 남편과 자녀들을 위해 헌신하던 아내를 생각하며 "식구가 아프면 가족은 환도뼈가 부러집니다"라고 실의에 찬 감정과 결사의 기도를 보여주기도 한다. 믿음과 사랑으로 단란했던 한 가정의 돌발사건을 통해 끈끈한 가족애를 극명히 보여주는 것이다. 마치 시트콤으로 연출해낸 단막극을 연상하게 된다.

기독교인은 하나님의 말씀을 믿는 데서부터 시작된다. 말씀이 곧 존재이기 때문이다. 절대적으로 믿는다는 신앙행위는 어떤 것일까. 김현승 시인의 '절대신앙'은 "당신의 불꽃속으로/나의 눈송이가/뛰어듭니다//당신의 불꽃은/나의 눈송이를/자취도 없이 품어줍니다"라고 고백했다. 신앙인으로서 전폭적으로 하나님의 품안에 안기는 전폭적인 의지를 드러내고 있다.

김봉기 목사의 시를 짓는 자세와 의지도 김현승 시인의 선험적 신앙관과 다르지 않다. 그의 시편들은 대체로 성서에 기록된 역사 속의 사건들과 그 인물들을 깊이 되새기며 연역적 풀이를 하고 있다. 시인으로의 개인적 신앙고백을 넘어 하나님의 창조세계를 회중會衆에게 쉽게 들려줌으로써 시적 소명에 부응하는 것이다.

날아 오르십시오
생각이
영靈이
날아올라야 합니다
하늘의 사람으로 살아야 합니다
생각이 땅을 이기고
영이 생각을 이겨야 합니다
들의 참새가 되지 말고
하늘의 독수리가 되십시오
그리고
하늘의 시각으로 천지를 보십시오
하늘의 고요함으로
세상을 덮으소서

–「나르샤」 전문

'나르샤'는 독수리의 상징성을 직설의 비유로 썼다. 읽는

이들의 각성을 촉구하는 작품이다. 전능의 하나님에게 바치는 찬양과 기원의 기도 시이다. 우리의 생각과 영靈이 독수리같이 하늘로 날아올라 전지적 시점으로 세상을 살펴보자는 잠언인 것이다. 수사적 기교보다는 직설의 화법으로 하여 단박에 읽히고 감흥을 일으키게 한다. 성서에는 독수리에 관한 예화가 많다. "들의 참새가 되지 말고/하늘의 독수리가 되십시오"는 시편103편의 "좋은 것으로 네 소원을 만족하게 하사 네 청춘을 독수리 같이 새롭게 하시는도다"라는 말씀을 부연敷衍해 강조한 것이다.

독수리에 관한 긍정적 상징성을 보여주는 성구 중에 "오직 여호와를 앙망하는 자는 새 힘을 얻으리니 독수리가 날개 치며 올라감 같을 것이요 달음박질하여도 곤비하지 아니하겠고 걸어가도 피곤하지 아니하리로다(사40:31)"라는 말씀이 보인다.

이어 "하늘의 시각으로 천지를 보~고", "하늘의 고요함으로/세상을 덮으소서"라고 기원한다. 하늘의 고요함이란 하나님의 침묵을 의미한다. 심판을 위한 결단의 순간이며, 동시에 인간이 그 결단의 순간을 초조히 기다리는 불안의 순간이기도 한 것이다,

'나르샤'는 전지적 시점에서 하나님의 전능하심에 대한 해석이다. 날아오른다는 의미의 고어풍의 표현이다.

아담의 선악과 흰빛에 오가고

그 아들은 들에서 질투에 빠진다
태초의 쾌락은 꾸준히 바벨탑을 쌓는다(중략)

불신과 오해가 뿔뿔이 흩어져
신은 지금도 분노한다

사람들은 지금껏 높고 거대한 탑을 쌓아
하늘에 닿으려 한다

오늘도 나는 바벨탑을 쌓고
그 탑을 무너뜨린다.

–「바벨탑을 무너뜨릴 시간」 전문

'바벨탑을 무너뜨릴 시간'은 현대인들의 교만과 탐욕을 강력히 질책한다. 인간의 교만과 탐욕을 위해 하나님의 언약을 거슬러 바벨탑을 쌓은 것은 범죄 행위였다. 하나님의 진노震怒는 그 탑을 무너뜨려 사방으로 흩어지게 한 것이다. 시적 화자는 오늘날에도 "~지금껏 높고 거대한 탑을 쌓아/하늘에 닿으려 한다"고 개탄한다. 종국에는 "오늘도 나는 바벨탑을 쌓고"라며 자책하면서 "그 탑을 무너뜨린다"고 하면서 신앙인이 가져야 할 회개와 하나님을 향한 신앙의 결단을 보여주는 것이다. 이 얼마나 황망한 현실인가. 이렇듯 우리가 신을 믿는다고 하지만 우리의 신앙심은 롤러코스터를

탄 듯 천국과 지옥을 오르내리고 있다는 것이다. 지금 우리는 교만한 마음으로 바벨탑을 쌓고 있는 것은 아닌지 스스로를 돌아보아야 할 것이다.

> 첫 사람된 아담은 죄의 기점//흐르고 흘러/
> 열국의 아버지 된 아브라함은 믿음의 기점//
> 흐르고 흘러/구세주로 오신 예수는 우리 역사의 기점//
> 흐르고 흘러/이 땅 사는 너와 내가 이 시대의 주인공//
> 이제는/나를 통해 새로운 역사가 시작되기 바란다
> 사람을 변화시키고/세상을 변화시키는
> 우주 안에 작고 작은 점 하나 큰 사람이 되고 싶다//
> 그리고/흐르고 흘러/이천 년
>
> -「영혼을 디자인하다」 전문

> 놀이동산은 우리가 살아가는 세상/놀이동산엔 롤러코스터 목적지를 향해 가고/우리 사는 세상엔 희로애락 쉬지 않네//첫 번째 만난 정거장은 푸른 풀밭 쉴만한 물가/이곳이 천국일세, 천년만년 살고픈데/목자는 양을 깨워 완전한 곳 가라하네
>
> -「사랑하는 사람과 롤러코스터를 타고 싶다」 부분

김봉기 목사의 신앙시들은 특유의 설득법으로 성경시대의 역사와 등장인물들을 간명하게 풀이하고 있다. '영혼을 디자인하다'는 아담과 하와의 역사부터 믿음의 조상 아브라

함에서 예수탄생과 주후 이천 년의 세월을 되새기고 오늘날의 자신에게 주어진 소명을 명상하고 있다. 시적 화자 자신이 "사람을 변화시키고/세상을 변화시키는" 주님의 사자가 되겠다는 서원이 담겨있다.

'사랑하는 사람과 롤러코스터를 타고 싶다'는 시편23편의 목자와 양의 비유를 비견하여 신앙인들의 갈등을 극복해 가는 과정을 보여준다. 또한 우리의 믿음에 따르는 온갖 시련들이 진행형으로 계속됨을 피력하고 있는 것이다. 그리고 결국은 사랑하는 사람과 영원한 천국에 이르러 살고 싶다는 신앙인의 소망을 간절함으로 드러내고 있다.

소설가 이광수는 "자기가 열렬한 신앙의 경험이 있다면 반드시 시나 기타의 형식으로 발표되어야 할 것이니, 만일 발표되지 아니한다면 그 신앙의 경험은 법열法悅로나 비통한 회한悔恨의 열루熱淚로 고백할만한 절도에 달치(도달치) 못한 것"이라고 피력한 적이 있다.

이처럼 목회자의 신분으로 신앙의 경험을 시의 언어로 표상을 이어가는 것은 또 다른 소명감의 발로일 것이다.

에덴의 콩새 날아옵니다

지은이 · 김봉기
펴낸이 · 유재영, 유정융
펴낸곳 · 주식회사 동학사

1판 1쇄 · 2024년 1월 20일
출판등록 · 1987년 11월 27일 제10-149

주소 · 04083 서울 마포구 토정로53 (합정동)
전화 · 324-6130, 324-6131 | 팩스 · 324-6135
E-메일 | dhsbook@hanmail.net
홈페이지 | www.donghaksa.co.kr
www.green-home.co.kr

ISBN 978-89-7190-879-2 03810